AF243633

PIÈCES CURIEUSES

ou

ALGER

en 1802.

VERSAILLES. — IMPRIMERIE DE ALLOIS.

PIÈCES CURIEUSES

ou

ALGER

EN 1802.

PRIX : 5o centimes.

A PARIS,

Chez { DELAUNAY, WIBERT, LADVOCAT, } Libraires au Palais-Royal.

MONGIE l'aîné, Boulevard des Italiens, n° 1o.

1830.

PIÈCES CURIEUSES

ou

ALGER

en 1802.

(Extrait du Moniteur.)

Rapport fait au Premier Consul, en Sénat, par le Ministre des relations extérieures, le 20 fructidor an X (7 septembre 1802.)

« Le Premier Consul m'ayant ordonné de lui rendre compte, en sénat, des différends survenus récemment entre la république française et la régence d'Alger, et du succès des mesures qui ont été prises pour les terminer, je dois d'abord rappeler l'état des choses qui les a précédées.

» Des frontières de l'Égypte au détroit de Gibraltar, le nord de l'Afrique est possédé par des hommes étrangers au droit public de l'Europe. Les principes et les mœurs qui des sociétés européennes n'ont fait, pour ainsi dire, qu'une même société ; qui non seulement défendent d'opprimer, mais commandent d'accueillir, de protéger, de secourir dans le danger, la navigation et le commerce des peuples paisibles ; qui réprouvent toute agression injuste ; qui flétrissent la valeur, si elle est cruelle, et veulent que les droits de l'humanité restent toujours sacrés ; ces mœurs sont encore inconnues aux peuples de ces contrées.

» La régence d'Alger s'est particulièrement signalée par une audace que quelques événemens durent accroître.

» Des ennemis qui restaient à la France lorsque le Premier Consul prit les rênes du gouvernement, la régence d'Alger était la moins redoutable. Mais le Premier Consul, désirant faire cesser partout les calamités de la guerre, instruit que le dey d'Alger l'avait déclarée contre son inclination, et qu'il souhaitait la paix, fit partir pour Alger un négociateur. Précédé par la renommée des exploits dont l'Italie, l'Allemagne, l'Égypte, la Syrie, avaient été le théâtre, l'envoyé du Premier Consul fut accueilli comme il devait l'être. La paix fut arrêtée, proclamée même par le divan; cependant une nouvelle intervention de la sublime Porte en fit ajourner la signature. La guerre parut renaître, mais ce fut une guerre sans hostilité. Tous les Français purent se retirer librement d'Alger avec toutes leurs propriétés, et l'agent de la France attendit à Alicante le moment où les négociations pourraient être reprises.

» Enfin un traité définitif, qui assure à la France tous les avantages stipulés par les traités anciens, et qui, par des stipulations nouvelles, garantit plus explicitement et mieux la liberté du commerce et de la navigation française à Alger, fut signé le 7 nivôse dernier.

» La paix générale était conclue, et le commerce commençait à reprendre ses routes accoutumées.

» Mais bientôt on apprend que des armemens d'Alger parcourent la Méditerranée, désolent le commerce français, infestent les côtes. Le pavillon et le territoire même de la République ne sont pas respectés par les corsaires de la régence. Ils conduisent à Alger les transports sortis de Toulon et destinés pour St.-Domingue. Ils arrêtent un bâtiment napolitain dans les mers, et presque sur les rivages de la France. Un rais algérien ose, dans la rade de Tunis, faire subir à un capitaine du commerce français un traitement infâme. Les barques de la compagnie de corail, qui, aux termes du traité, vont pour

se livrer à la pêche, sont violemment re-
poussées des côtes. Le chargé d'affaires demande satisfaction , et ne l'obtient pas ;
on ose lui faire des propositions inju-
rieuses à la dignité du peuple français ; on
veut..... que la France achète l'exécution
du traité !

» Informé de ces faits, le Premier Consul
ordonne qu'une division navale se rendra
devant Alger.

» Je transmets , par ses ordres , des in-
structions au chargé d'affaires , le citoyen
Dubois-Thainville, qui s'est conduit avec
autant d'énergie et de dignité que de pru-
dence.

» La division commmandée par le contre-amiral Leissègues parut devant Alger le
17 thermidor; à bord était un officier du
palais , l'adjudant-commandant Hullin ,
porteur d'une lettre du Premier Consul
pour le dey.

» Le 18, cet officier descend à terre, est accueilli avec distinction, présenté au dey, et lui remet la lettre du Premier Consul. Elle était ainsi conçue :

« B ONAPARTE , Premier Consul, au très haut et très magnifique dey d'Alger; que Dieu le conserve en prospérité et en gloire !

« Je vous écris cette lettre directement, parce que je sais qu'il y a de vos ministres qui vous trompent , et qui vous portent à vous conduire d'une manière qui pourrait vous attirer de grands malheurs. Cette lettre vous sera remise, en mains propres, par un adjudant de mon palais. Elle a pour but de vous demander réparation prompte , et telle que j'ai droit de l'attendre des sentimens que vous avez toujours montrés pour moi. Un officier a été battu dans la rade de Tunis par un de vos officiers rais. L'agent de la République a demandé satisfaction, et n'a pu l'obtenir. Deux bricks ont été pris par vos corsaires qui les ont amenés à Alger , et les ont retardés dans leurs voyages. Un bâtiment napolitain a été pris par vos corsaires dans la rade d'Hyères , et par là ils ont violé le territoire français. Enfin du vaisseau qui a échoué cet hiver sur vos côtes, il me manque encore plus de 150 hommes, qui sont entre les mains des barbares. Je vous demande réparation pour tous ces griefs; et, ne doutant pas que vous ne preniez toutes les mesures que je prendrais en pareille circonstance, j'envoie un bâtiment pour reconduire en France les 150 hommes qui me manquent. Je vous prie aussi de vous méfier de ceux de vos ministres qui sont ennemis de la France; vous ne pouvez avoir de plus grands ennemis; et si je désire vivre en paix avec vous, il ne vous est pas moins nécessaire de conserver cette bonne intelligence qui vient d'être rétablie, et qui seule peut vous maintenir dans le rang et dans la prospérité où vous êtes; car Dieu a décidé que tous ceux qui seraient injustes envers moi seraient punis. Si vous voulez vivre en bonne amitié avec moi, *il ne faut pas que vous me traitiez comme une puissance faible;* il faut que vous fassiez respecter le pavillon français, celui de la République italienne, qui m'a nommé son chef, et que vous me donniez réparation de tous les outrages qui m'ont été faits.

» Cette lettre n'étant pas à autre fin, je vous prie de la lire avec attention vous-même, et de me faire connaître, par le retour de l'officier que je vous envoie, ce que vous aurez jugé convenable. »

» Quelles que fussent les dispositions intérieures du dey, il ne montra que le désir de vivre en bonne intelligence avec la République française. Je veux, dit-il, être toujours l'ami de Bonaparte.

» Il promit et donna réellement toutes les satisfactions demandées.

« Pour rendre un hommage particulier au Premier Consul, dans la personne de son envoyé, il voulut même s'écarter des formes ordinaires, et, contre l'usage immémorial des régences, il reçut dans le plus magnifique kiosque de ses jardins l'officier du palais, le chargé d'affaires de la République, le contre-amiral Leissègues, et son nombreux état-major. C'est là qu'il remit au général Hullin la réponse qu'il avait préparée pour le Premier Consul, et dont la teneur suit :

» Au nom de Dieu , de l'homme de Dieu , maître de nous , illustre et magnifique seigneur Mustapha-Pacha , Dey d'Alger, que Dieu laisse en gloire;

» A notre ami Bonaparte , Premier Consul de la République Française , président de la République Italienne.

» Je vous salue ; la paix de Dieu soit avec vous.

» Ci-après , notre ami , je vous avertis que j'ai reçu votre lettre, datée du 20 messidor. Je l'ai lue : elle m'a été remise par le général de votre palais , et votre vékil Dubois-Thainville. Je vous réponds article par article.

» 1° Vous vous plaignez du rais Ali-Tatar. Quoiqu'il soit un de mes joldaches, je l'ai arrêté pour le faire mourir. Au moment de l'exécution, votre vékil m'a demandé sa grâce en votre nom , et pour vous , je l'ai délivré.

» 2° Vous me demandez la polacre napolitaine prise, dites-vous , sous le canon de la France. Les détails qui vous ont été fournis à cet égard ne sont pas exacts ; mais, selon votre désir , j'ai délivré dix-huit chrétiens composant son équipage : je les ai remis à votre vékil.

» 3° Vous demandez un bâtiment napolitain qu'on dit être sorti de Corfou avec des expéditions françaises. On n'a trouvé aucun papier français ; mais, selon vos désirs, j'ai donné la liberté à l'équipage, que j'ai remis à votre vékil.

» 4° Vous demandez la punition du raïs qui a conduit ici deux bâtimens de la République française. Selon vos désirs je l'ai destitué ; mais je vous avertis que mes raïs ne savent pas lire les caractères européens ; ils ne connaissent que le passeport d'usage, et pour ce motif il convient que les bâtimens de guerre de la République française fassent quelque signal pour être reconnus par mes corsaires.

» 5° Vous demandez cent cinquante hommes que vous dites être dans mes États ; il n'en existe pas un. Dieu a voulu que ces gens se soient perdus, et cela m'a fait de la peine.

» 6° Vous dites qu'il y a des hommes qui me donnent des conseils pour nous brouiller. Notre amitié est solide et ancienne, et tous ceux qui chercheront à nous brouiller n'y réussiront pas.

» 7° Vous demandez que je sois ami de la République italienne. Je respecterai son pavillon comme le vôtre selon vos désirs. *Si un autre m'eût fait pareille pro-*

position, je ne l'aurais pas acceptée pour un million
de piastres.

» 8° Vous n'avez pas voulu me donner les deux cents
mille piastres que je vous avais demandées pour me
dédommager des pertes que j'ai essuyées pour vous.
Que vous me les donniez ou que vous ne me les don_
niez pas, nous serons toujours bons amis.

» 9° J'ai terminé avec mon ami Dubois-Thainville,
votre vékil, toutes les affaires de la Calle, et l'on
pourra venir faire la pêche du corail. La compagnie
d'Afrique jouira des mêmes prérogatives dont elle
jouissait anciennement. J'ai ordonné au bey de Con-
stantine de lui accorder tout genre de protection.

» 10° Je vous ai satisfait de la manière que vous avez
désirée pour tout ce que vous m'avez demandé, et
pour cela, vous me satisferez comme je vous ai satisfait.

» 11° En conséquence, je vous prie de donner des
ordres pour que les nations mes ennemies ne puis
sent pas naviguer sous votre pavillon, ni avec celui
de la République italienne, pour qu'il n'y ait plus de
discussion entre nous, parce que je veux toujours être
ami avec vous.

» 12° J'ai ordonné à mes rais de respecter le pavillon

français à la mer. Je punirai le premier qui conduira dans mes ports un bâtiment français.

« Si, à l'avenir, il survient quelque discussion entre nous, écrivez-moi directement, et tout s'arrangera à l'amiable.

Je vous salue; que Dieu vous laisse en gloire. »

Alger, le 13 de la lune de Rabiad-Eouel, l'an de l'Hégire 1217.